DES MERCURIALES

CLICHY. — Impr. de Maurice LOIGNON et Cie, rue du Bac-d'Asnières, 12.

DES
MERCURIALES

OU

EXPOSÉ

DE TOUT CE QUI SE RAPPORTE A CETTE QUESTION

PAR E. BONNOT

VÉRIFICATEUR DES POIDS ET MESURES, INSPECTEUR DES HALLES AUX GRAINS
DE LA NIÈVRE

PARIS

LIBRAIRIE ADMINISTRATIVE DE PAUL DUPONT
45, RUE DE GRENELLE-SAINT-HONORÉ.

1864

1863

SOMMAIRE

PRÉLIMINAIRES

La décision ministérielle, en date du 5 mai 1859, qui prescrit l'indication à l'hectolitre et au quintal des produits vendus et des prix de vente sur les marchés ; la suppression de l'échelle mobile, qui ne laisse plus d'autres régulateurs de l'approvisionnement que ces indications périodiques ; le libre-échange, qui veut constamment des renseignements précis ; les taxes oficielles ou non, qui ont besoin de bases sérieuses, m'engagent à réunir, sous le titre *des Mercuriales*, tout ce qui se rapporte à cette question, qui devient plus important que jamais.

En vain les circulaires adressées aux préfets demandent l'exactitude des chiffres fournis par ces indications ; en vain les recueils administratifs appellent l'attention des maires sur ce point ; en vain les départements viennent d'être placés récemment dans l'obligation de chercher, d'étudier, d'organiser les moyens propres à obtenir des résultats satisfaisants, les mercuriales, comme autrefois et plus qu'autrefois, par suite de leur complication nouvelle, sont, sauf en quelques localités, l'expression de l'erreur ou de la fraude.

Cette situation fâcheuse ne cessera, selon toute apparence, que le jour où l'autorité première présentera aux administrations locales un mode pratique et sûr de renseignements.

Ce mode existe dans la Nièvre, où ses effets sont constatés et appréciés par un public bon juge en cette matière.

Je vais exposer ce mode, et diviser pour cela mon travail en trois parties. La première et la seconde serviront d'introduction à la troisième, qui est la principale.

Dans la première, j'examinerai la vente des grains à la mesure et au poids; dans la seconde, j'essayerai de répondre à ces mots : disette, hauts prix, famine, accaparement, rareté, spéculation, etc., prononcés souvent sur les marchés; puis j'exposerai, au sujet de ces lieux publics, quelques réflexions nouvelles; dans la troisième, enfin, j'expliquerai une organisation qui fonctionne depuis trois ans, et qui assure aux mercuriales une confiance qu'il importe d'étendre à toute la France.

Je terminerai par quelques mots sur le droit de place et sur les poids publics.

Ainsi, régulariser, uniformiser les dispositions à prendre pour la formation des chiffres publiés par les feuilles administratives ou commerciales; faciliter en cela la tâche des administrations départementales ou municipales; éclairer, rassurer les populations, en les prévenant contre certains préjugés qui nuisent au développement total de l'idée qui nous occupe, tel est mon but.

Pour l'atteindre avec plus de certitude, j'ai tenu à corroborer mes observations personnelles par l'opinion des économistes les plus accrédités.

PREMIÈRE PARTIE

DU MESURAGE ET DU PESAGE

DES GRAINS

Les institutions les plus utiles sont généralement celles que le temps a mûries avec une sage et lente expérience : l'adoption du système métrique en est une preuve. Son application aux usages commerciaux était depuis longtemps à l'étude, sa supériorité sur les anciennes méthodes était évidente ; mais on avait devant soi un obstacle dont il n'était pas facile de triompher, celui de la routine enracinée par les vieilles coutumes. Il fallut toute l'énergie déployée en 1790 pour vaincre ces résistances, en proclamant que le système métrique, dans toutes ses applications, aurait seul le caractère légal.

Combien de décrets, de lois, d'ordonnances, d'arrêtés n'a-t-on pas édictés, depuis cette époque jusqu'à nos jours, pour faire justice des vieux préjugés ? La France, aujourd'hui affranchie des nombreuses entraves imposées par les habitudes locales, jouit de tous les avantages dont l'a dotée le système nouveau ; elle peut même les étendre encore par la suite, tant ce système se prête avec facilité à toutes les déductions, à toutes les justifications qu'on lui demande.

N'y aurait-il pas, par exemple, opportunité et justice, avec l'unité si parfaite du poids et de la mesure que nous possédons, d'affecter à chaque denrée, soit le poids, soit la mesure, suivant le genre de vente qui lui convient ? Telle est la question que s'est posée la haute administration. Il était naturel que les grains, qui sont la source de l'alimentation publique, fixassent tout d'abord son attention.

Dans l'origine, la poignée, la double poignée, le boisseau multiforme, la mesure, en un mot, fut adoptée pour la vente du grain, comme, primitivement, le pied, le pouce, l'œuvrée, etc., ont été mis en usage pour exprimer les lignes ou les surfaces. Ces moyens étaient simples, et on s'en contentait alors. Maintenant le commerce, plus étendu et beaucoup plus éclairé qu'autrefois sur ses véritables intérêts, réclame la substitution du poids à la mesure pour la vente des grains.

Il arrive souvent, en effet, qu'entre deux espèces de grains offrant à l'œil le même volume, les mêmes apparences, il existe une différence notable pour le poids; or il est incontestable que le grain le plus lourd, quand il est dans ses conditions normales, donnera un rendement supérieur à celui qui l'est moins, et qu'il a conséquemment plus de valeur pour l'acheteur.

L'opération du mesurage donne lieu à des pratiques très-diverses et souvent fort irrégulières. De même qu'autrefois on se plaignait d'une trop grande variété de mesures, on se plaint aujourd'hui des modes trop nombreux de mesurage. Dans telle ville, c'est la mesure rase; dans telle autre, la mesure comble; ici on emplit la mesure à la brassée, là à la pelle; dans telle localité la mesure usuelle est le double décalitre, dans une autre c'est l'hectolitre, etc.

Toutes choses égales d'ailleurs, les résultats obtenus par ces procédés ne sont pas identiques, car le grain occupe dans la mesure un espace d'autant moindre qu'il est plus tassé, et ce tassement s'opère toujours en raison du mode adopté pour le mesurage. Autant de coutumes, autant de tassements divers. A ces causes, qui influent notablement sur l'exactitude des produits, la fraude vient ajouter ses moyens d'escamotage, ses tours de main, ses contrefaçons de mesures, ses préparations de grains, etc.

Il résulte de tout cela que le grain classé de première qualité dans un marché est à peine de deuxième dans un autre, que la mesure ne rend pas toujours en réalité ce que promet sa capacité, et que les prix cotés de ces grains n'ont point une base suffisamment certaine. Par suite, les mercuriales, qui ont la mesure pour gouverne, ne don-

nent que des appréciations approximatives, qui peuvent altérer sensiblement les calculs de l'importation et de l'exportation.

Le poids, comme la mesure, est *un* pour toute la France, et s'il y
a une infinité de manières de mesurer, il n'y a qu'un moyen de peser.
Avec le poids disparaissent les inconvénients qui viennent d'être
signalés. On n'altère pas sans traces évidentes la justesse d'un
instrument de pesage. On ne peut pas toucher frauduleusement à un
poids sans enlever son contrôle. Les transactions trouvent donc dans
le poids une base positive d'appréciation qui coupe court à toute dis-
cussion.

On fera peut-être ici quelques objections :

Mais, dira-t-on, le pesage ne se prête-t-il pas à des abus tout
aussi graves que ceux que l'on reproche au mesurage? Les gens de
la campagne pourront-ils acquérir une connaissance suffisante des
instruments de pesage? La vente au poids se plie-t-elle aussi bien
que la vente à la mesure à la rapidité nécessaire aux transactions?

La réponse à ces objections est toute simple. Les abus, s'il y en a,
sont rares, parce qu'il est toujours plus facile à un œil peu exercé de
reconnaître un poids faux qu'une fausse mesure. L'acheteur le plus
ordinaire ne s'y laisse guère tromper. Si l'on suppose que les vendeurs
de mauvaise foi peuvent encore faire usage de préparations hygro-
métriques, à l'effet d'augmenter le poids du grain, on peut répondre,
d'une part, que l'autorité exerce sur ce point la plus grande vigilance,
et, ensuite, que, lors même que quelques abus de cette nature par-
viendraient à passer inaperçus, le préjudice causé par l'humidité
transmise au grain est toujours moindre au pesage qu'au mesurage,
relativement au rendement, ce fait étant prouvé par l'expérience. Il
en est de même, quant aux résultats, pour les grains malpropres,
dont le poids trompe évidemment moins que la mesure. Ne sait-on
pas encore que le grain acheté à la mesure par le petit consommateur
lui est rendu au poids par le meunier, et que de là naissent une
foule d'abus, par l'impossibilité où se trouve le consommateur
d'établir une juste comparaison entre ce qu'il donne et ce qu'il reçoit?

L'homme de la campagne, dont l'esprit ne manque pas de péné-
tration, quand ses intérêts sont en jeu, aura bien vite acquis la connaissance pratique du poids et de l'équilibre d'un instrument de

pesage. L'expérience en est faite déjà dans beaucoup d'endroits, et partout on s'en loue. D'ailleurs, il ne serait pas inopportun d'ajouter, dans le programme des écoles primaires, à la connaissance du système métrique, celle des instruments de pesage principaux employés dans le commerce ou dans l'industrie. La multiplication des poids publics, la possession, dans toutes les mairies, d'une balance-bascule type sont aussi des moyens de populariser la vente au poids.

Quant à la rapidité du pesage dans les halles, toutes les mesures sont prises à cet égard et exposées plus loin. Un règlement fixe les heures d'arrivages et de ventes. A chacune de ces halles est attaché un agent assermenté, agissant au nom et sous la surveillance de l'autorité. Son caractère public est une garantie pour tous. On ne peut nier assurément la commodité que présente le mesurage. Se rendre acquéreur d'une mesure d'un prix peu élevé est une dépense que fait volontiers tout vendeur ou acheteur de grains; remplir cette mesure, araser le grain avec une radoire à la hauteur de cette mesure, puis transverser le grain dans un sac est une opération promptement faite, mais l'intérêt bien compris des acheteurs leur fera bientôt oublier ce mode expéditif quand ils auront là pour le remplacer les moyens et la plus grande sécurité du pesage.

Ce ne fut qu'après des enquêtes de toutes sortes, après avoir entendu toutes les chambres de commerce et d'agriculture, que Son Excellence M. le ministre du commerce décida qu'à partir du 1er janvier 1860 les mercuriales seraient établies à l'hectolitre et au quintal métrique. Cette décision, en vertu de laquelle tous les grains entrant aux halles doivent être mesurés et pesés, sinon en totalité, au moins par échantillon, fait connaître le poids du grain acheté à la mesure, ce qui est déjà une fort bonne chose; elle habitue les populations à se former une idée précise du volume que représente le poids, et les met à même, en comparant utilement les deux modes, de reconnaître la supériorité incontestable du nouveau sur l'ancien.

DEUXIÈME PARTIE

DES HALLES AUX GRAINS

Leur origine. — Leur utilité. — Une digression. — Le commerçant en grains.—
Les marchés. — Quelques idées nouvelles à ce sujet.

I

L'origine des halles, comme celle des poids et mesures, est très-ancienne, car on trouve chez tous les peuples et à des dates fort éloignées les traces de ces établissements. Aussitôt formés en société, les hommes, pour échanger le produit de leur travail, se sont assignés certains endroits sous les arbres, sous les tentes, dans la rue, sous des hangars, puis dans les halles, étroites et incommodes maisons ici, grands et superbes monuments ailleurs.

Ces réunions naturelles, appelées aujourd'hui marchés, sont d'une utilité évidente pour tous les temps, et notamment pour notre époque.

Primitivement, chaque père de famille récoltait, aménageait, échangeait ses provisions comme il l'entendait, sans autre règle que sa volonté ; plus tard, la société s'augmentant, se divisant, bâtissant des villes, créant l'industrie, les arts, édictant des lois, le commerce apparaît. Timide, incertain, méprisé d'abord, il s'élance peu à peu ; puis quelques corporations l'accaparent, le monopolisent, entravent ses allures, jusqu'au jour où une révolution mémorable, transformant l'ordre social, le développe, le grandit, et lui donne toute sa puissance avec le libre-échange.

Sous ce régime nouveau, le commerce des grains subit comme les autres une perturbation : c'est la conséquence de tout change-ment ; mais, grâce à la liberté absolue qui le régit, sa marche con-tinue ascensionnelle vers le progrès. La terre entière est le marché, la production générale est l'approvisionnement, les commerçants sont les canaux par où l'abondance porte son superflu à la disette, à la cherté des grains, car, en France, il n'y a plus de famine : l'une et l'autre ont un caractère commun, la rareté des subsistances ; mais entre elles quelle différence !

A ce sujet, qu'il nous soit permis de sortir quelques instants de la question des halles pour chercher à dissiper les erreurs, les craintes colportées fréquemment sur les marchés par l'ignorance de bonne foi.

La famine n'est à craindre que dans les pays comme l'Irlande, où les institutions sociales éloignent le travail, le capital et le commerce, toutes choses qui ne s'improvisent pas. Les indices de ce fléau ne sont nulle part dans notre pays ; on ne voit plus ces élévations excessi-ves des prix qui dépassaient subitement, et dans une proportion vrai-ment effrayante, les cours ordinaires, et qui portaient la ruine, la misère et la mort dans les campagnes, où les gens du roi, le seigneur et la dîme n'avaient rien ou peu laissé. Ces différences énormes de prix, hors de toute raison, qu'accusaient parfois les provinces les plus voisines, ne se sont jamais reproduites depuis que les barrières qui divisaient le sol national sont tombées. Actuellement les variations légères ou sé-rieuses se raisonnent, se prévoient, s'expliquent ; quelques francs de plus par hectolitre sont une hausse considérable ; les prix les plus élevés ne dépassent jamais de la moitié le prix normal, c'est-à-dire celui des années où la production suffit à la consommation. Les en-traves enfin qui gênaient les transactions extérieures, comme autre-fois celles de l'intérieur, ayant disparu, l'avenir paraît plein d'espé-rances. Voyons ce qui vient de se passer récemment.

L'année dernière (1861-62) effectivement, par suite de la disette ré-sultant d'un déficit de 15,000,000 d'hectolitres dans la production, représentant la consommation de six semaines, les grains assujettis aux prévisions du système protecteur auraient atteint un prix élevé (cinq à six francs le double décalitre), lorsque l'intervention du libre-échange déjoua tous les calculs, en nivelant nos prix avec ceux de l'étranger.

Si, d'ailleurs, le commerce des grains, par son organisation, son extension, ses voies nombreuses et rapides de communication, peut rassurer les peuples, l'agriculture a progressé d'une manière non moins remarquable. L'hectare, en France, sous Louis XIV, rendait, par an, huit hectolitres de blé, sept sous Louis XV et huit sous l'Empire. A présent, cette même surface donne en moyenne seize hectolitres; vingt-cinq dans le département de la Seine, trente et trente-cinq dans l'est, dans le centre de l'Angleterre et aux États-Unis; quarante et quarante-cinq depuis quelques années dans certaines terres exceptionnelles du Lincoln.

Les jachères, qui formaient en France une étendue de onze millions d'hectares, n'en occupent plus que la moitié environ. Le seigle, le sarrasin et d'autres graines inférieures cèdent tous les jours la place au froment. La paille, employée en grande partie à couvrir les toits, sert maintenant à faire des engrais. Le drainage, la marne, la chaux, rendent productives les terres incultes. Les instruments aratoires se perfectionnent, se multiplient. Le capital affecté à la terre augmente avec la richesse publique. L'instruction enfin porte partout ses lumières dans les arts, dans l'industrie et dans l'agriculture.

Ce rapprochement du présent avec le passé, en laissant une belle marge aux opérations agricoles, en tranquillisant les esprits préoccupés par l'accroissement continu de la population, montre l'immense différence qui existe entre les deux époques.

La guerre européenne, une mauvaise récolte générale, sont les causes qui, seules ou réunies, peuvent renouveler la cherté des grains, et non la famine. Mais cette calamité serait combattue et supportée avec courage par la société présente, qui constate une diminution notable d'intensité dans ces périodes pénibles, traversées cinq fois depuis soixante ans, et loin de celles qui duraient plusieurs années et anéantissaient des populations entières.

Du reste, qu'on le sache bien, la violence, dans les temps difficiles, sans ajouter un grain de blé à la production, empire toujours le mal. Se résigner à la disette est la sagesse; c'est savoir souffrir, sans l'augmenter, le mal inévitable qui résulte de la force des choses.

Avec la violence, la terreur s'empare des esprits; l'agriculteur cache son grain comme le capitaliste ses capitaux; l'importation s'arrête; le meunier et le boulanger menacés désertent : la rareté, c'est-à-dire la disette, devient plus grave.

Les hauts prix attribués à tort à la spéculation doivent également faire taire les préjugés, car ils sont équitables et nécessaires. Ne sont-ils pas le résultat le plus naturel, le plus incontestable du droit, du libre jeu des intérêts, de la concurrence qui prévient leur avilissement à l'achat et leur exagération sans motifs à la vente? N'ont-ils pas pour effet de faire dériver la consommation de la denrée qui manque sur les denrées similaires qui abondent, et de prolonger ainsi l'alimentation de la céréale insuffisante? Ne décident-ils pas les récoltes étrangères à suppléer au déficit des récoltes malheureuses, en indemnisant de leurs peines et de leurs risques l'agriculteur, l'armateur et le négociant?

L'accaparement des grains, auquel on a reproché les hauts prix avec raison, vers la fin du siècle dernier, fait trembler encore beaucoup de gens de bonne foi. Ce grenier national créé par l'ordonnance du roi connue sous le nom de *pacte de famine*, maître absolu des prix, qui dura trente ans et expira trois jours avant la Révolution, ne serait point pris au sérieux en notre temps de télégraphie, de canaux et de chemins de fer.

Sans parler des difficultés matérielles pour les loger, les conserver, si on accapare les grains français, en vingt-quatre heures on aura du blé anglais et du blé belge, attirés par les hauts prix; en dix jours, du blé d'Égypte; en quinze jours, l'Amérique, la Russie, nous inonderont de farines et de grains.

La spéculation ne peut pas non plus surélever les prix à des taux factices, parce qu'il ne s'agit pas ici d'un marché restreint comme celui de la Bourse, mais d'un marché sans limite, où une hausse de deux ou trois francs par hectolitre appelle aussitôt la concurrence de dix maisons étrangères, qui renverse tous les calculs, nivelle tous les cours, rétablit les prix les plus combattus; parce qu'enfin rien n'est mieux renseigné, n'est intéressé à se mieux renseigner que le commerce; et si la hausse persiste, c'est que la rareté est réelle, sinon cette hausse apparente serait une ruine certaine pour le spéculateur, et personne ne veut perdre d'argent à coup sûr.

Enfin, les intempéries fortuites qui perdent les récoltes ne sont pas universelles. La science et la simple raison s'accordent pour nous apprendre que la quantité d'eau qui couvre la terre étant constamment égale, l'évaporation et la condensation, ou les pluies, qui s'effectuent suivant des forces constantes, ne peuvent varier sensiblement. Cette masse liquide, dans ce va-et-vient perpétuel, inonde telle surface, abandonne celle-ci, arrose suffisamment celle-là, et de cette irrégularité, sagement prévue et combinée par la Providence, pour les terres qui veulent beaucoup ou peu d'humidité, il s'ensuit que si un département, une nation récoltent moins, un autre département, une autre nation récolteront plus.

L'affaiblissement du capital national n'est pas à craindre non plus, car, s'il est obligé de se porter en partie à l'étranger quand l'importation le commande, nous avons, pour maintenir la fortune publique, nos longues lignes de fer, notre industrie qui exporte ses produits pour des sommes immenses, cette industrie qui, en l'espace d'un demi-siècle, a élevé son chiffre de production de 9 millions à 9 milliards.

D'un autre côté, la meunerie et la boulangerie, deux questions secondaires, mais importantes, suivent le grand mouvement.

La meunerie, qui rendait cent, rend cent cinquante en farine de qualité égale. Quelques pas encore, et cette industrie aura résolu le problème d'extraire du son tout ce qu'il a de nutritif.

La boulangerie, par ses réformes, dont le but est de chercher à diminuer les frais généraux de la panification, en donnant à celle-ci la propreté qu'elle n'a pas, la surveillance qui lui manque, et à la profession la plus grande liberté possible, semble vouloir entrer aussi dans une ère nouvelle, longtemps attendue, ouverte enfin par un gouvernement sage, prudent et libéral. Le pétrin mécanique, la réunion de la meunerie à la boulangerie, l'économie du calorique réalisée par un four cuisant sans interruption, le chauffage à l'air chaud, sont, par exemple, des moyens avantageux que l'intérêt intelligent, dégagé de toute gêne, de tout obstacle administratif, pourra utiliser, perfectionner au profit de tous. Déjà le pétrin à vapeur, nouveau modèle, de la boulangerie Scipion, de Paris, remplace fort avantageusement le pétrissage à bras du geindre, dont la sueur et toutes les sécrétions liquides de la peau, qui se mêlent à la pâte, inspirent naturellement un sentiment de dégoût. On ne saurait même affirmer, dit M. Payen de l'Académie des sciences, s'il n'en résulte en aucune occasion des causes d'insalubrité.

Combien est urgent, disons-le en passant, le contrôle de la fabrication du pain, qui est l'objet, comme le vin, d'une foule de mélanges nuisibles à la santé et d'une cuisson irrégulière !

Les farines de même nature, mélangées dans certaines conditions, peuvent donner du pain assez bon ; mais ces compositions d'éléments divers, hétérogènes, falsifiés, préparés chimiquement, hydratés à l'excès, produisent un aliment insuffisamment nutritif, insipide et malsain.

L'art de composer la pâte de farines basses, de farines de féverolles, de haricots, de maïs, etc., est une vraie spécialité datant de loin déjà, si bien qu'il n'est pas rare de rencontrer des boulangers affirmant imprudemment, quelquefois même avec conviction, que le pain ne peut pas être fabriqué sans cette falsification ; qu'autrement il ne lèverait pas, il ne cuirait pas (1). Le meilleur pain est celui qui est fait de farine de bon froment.

« M. Dumas, s'exprime ainsi à cet égard :

« La crème ne représente pas le lait ; elle ne renferme pas assez de sucre. Le caillé ne contient plus assez de beurre. Le petit lait n'a ni beurre ni caséum.

« Le lait le meilleur est celui qui n'a rien perdu et auquel on n'a rien ajouté.

« Il en est de même de la farine. Otez le tégument extérieur du grain et laissez tous les autres éléments réunis, vous ferez un pain nourrissant, facile à digérer et agréable au goût. Séparez, au contraire, la farine en plusieurs produits, selon leur finesse ou leur blancheur ; réunissez ceux-ci par assortiment de nuances, vous aurez des farines auxquelles il manquera tantôt l'un, tantôt l'autre des éléments constitutifs du blé. »

____

(1) Nous traiterons prochainement, d'une manière sommaire et pratique, la question des fraudes, altérations et falsifications des denrées alimentaires.

« Il est bien évident, dit M. Payen, qu'il y a des systèmes de moutures qui pourraient être plus favorables que ceux qui existent. Dans ceux qui sont en usage aujourd'hui, on sacrifie beaucoup à la belle apparence des farines. Un meunier très-habile parvient à donner à sa farine une blancheur très-grande, et une partie de cette blancheur est due seulement à la division mécanique.

« Ainsi, si vous prenez du sucre candi brun, plus vous le broierez et plus la poudre sera blanche. Il en est de même pour la farine : plus la meule l'atteint complétement, plus elle devient blanche.

« Cependant elle n'a rien gagné en blancheur réelle; elle n'a gagné qu'en blancheur apparente; et, par suite de ces broyages énergiques et répétés, les principales qualités du gluten sont modifiées défavorablement : la pâte lève moins bien; le pain qui en résulte est moins léger et moins blanc. »

En résumé, de cette longue digression sur la famine, il nous semble résulter que son temps n'est plus ; que la disette seule reste, mais moins fréquente et en diminuant de force et de durée : ce n'est pas une loi mathématique qui le prouve, mais l'observation basée sur la succession et la logique des faits.

Le commerce des grains, par ses progrès sensibles, peut, en toute assurance, revendiquer une partie de ces résultats heureux. Revenons donc à lui et au théâtre de ses opérations, les halles.

———

II.

Le commerçant en grains est l'intermédiaire entre le producteur et le consommateur; c'est lui qui prend à l'abondance pour porter au déficit; on le trouve partout où il y a des hommes qui ont besoin de pain, depuis le premier jour de l'année jusqu'au dernier; il pense à tout, pourvoit à tout, et cela au meilleur prix possible. Que de combinaisons ingénieuses, que de stratégie d'économie pour acheter, transporter et vendre au-dessous de la concurrence !

Celui qui se livre à des recherches si intéressantes pour la société mérite bien, il semble, d'être éclairé dans cette voie. Or, les lumières qu'il lui faut sont des renseignements sérieux, exacts, exprimant fidèlement la situation des marchés de toute importance, pour constater la production, et procéder ensuite à sa répartition.

L'approvisionnement plus ou moins considérable des halles, les prix plus ou moins élevés qui s'y révèlent, en montrant la situation, règlent l'exportation ou l'importation. La précision des besoins de vendre ou d'acheter détermine les enlèvements ou les arrivages, maintient les prix à un taux équitable, et sauve l'agriculteur en épargnant au commerçant des déceptions fâcheuses.

D'un autre côté, l'administration elle-même doit connaître avec exactitude les mouvements qui s'opèrent dans les marchés pour établir les mercuriales. Elle n'a plus d'autres moyens de se renseigner qu'en suivant les opérations qui ont lieu dans ces centres d'approvisionnement, les denrées y étant effectivement ou représentées simplement par leurs propriétaires.

Il faut donc renoncer à ces imprimés périodiques remplis de nombres imaginés et fournis aux maires par le premier venu. Ces chiffres n'inspirent aucune confiance, tout officiels qu'ils paraissent. Les renseignements, les cours, émanant de l'autorité, doivent être désormais l'expression de la légalité dont ils ont le caractère ; tout doute sur leur origine doit cesser : ce n'est plus dan lse cabinet qu'ils doivent être trouvés, c'est à la source vraie, c'est au marché, c'est à la halle.

Halle et marché sont deux mots employés l'un pour l'autre, bien qu'une distinction existe entre eux. La halle est la maison, l'édifice. Le marché, c'est la foule qui se presse, achète, vend, discute, c'est l'ensemble de la marchandise exposée.

De même que le commerçant étudie sa position, ses ressources, ses débouchés, les facilités et les dispositions nouvelles des transactions, qu'il agrandit, embellit ses magasins selon les circonstances ; de même les municipalités doivent rechercher l'avenir de leurs marchés que le passé ne saurait régler : leur utilité ainsi que les moyens et les principes du commerce ayant changé totalement ; de même elles ne se divisent pas, elles doivent agrandir et approprier les halles pour le développement de ces marchés, dont la prospérité dépend souvent uniquement de ces convenances, et qu'éluder celles-ci, c'est abandonner celles-là.

Les halles ne sont plus des abris simplement, ce sont des bourses, des régulateurs où l'offre et la demande, en cotant l'approvisionnement, concourent avec les prix déjà agités au dehors à former le cours vrai qui fait loi.

Les établissements de ce genre sont l'objet de peu d'attention généralement ; s'agit-il de leur construction, l'administration municipale se préoccupe de la dépense et de l'emplacement, parce que ces deux choses touchent au vif des intérêts particuliers ; mais quant à la halle elle-même, à sa distribution, aux services qu'elle peut rendre au commerce, au pays, à la société ; quant à l'annexion ou non de greniers, d'entrepôts ; quant à son exploitation intelligente, personne ne pense à cela. On dit que l'apport des grains à la halle n'est pas et ne peut pas être obligatoire ; on oublie que les habitudes, la commodité, la nécessité, l'intérêt, sont des moyens puissants qui peuvent apporter aux communes qui les comprennent de grands bénéfices.

Essayons donc de présenter, sur cette question, quelques observations résultant de l'expérience acquise à la pratique et de comparaisons entre les établissements dont il s'agit.

III

Les marchés les plus renommés ne doivent qu'en partie leur réputation à l'approvisionnement local. La vogue dont ils jouissent provient surtout des spéculateurs plus ou moins éloignés qui, assurés d'y trouver place pour leurs marchandises, n'hésitent pas à les diriger de ce côté, convaincus qu'ils sont que les acheteurs ne manquent jamais où la marchandise abonde. Une fois le mouvement établi, les trans=

tions s'engagent sur une échelle qui tend toujours à s'élever lorsque les droits de place, qui montent eux-mêmes en proportion, sont modérés et bien combinés.

Par suite, annexer aux halles des entrepôts ou des greniers commodes, aérés et sains, c'est y appeler les négociants étrangers qui ont la France entière pour pays d'affaires, qui donnent une existence véritable aux marchés, et qui en fécondent le succès.

C'est y attirer aussi le commerce du pays, son intérêt l'exige. L'acheteur, en effet, qui trouve la halle largement approvisionnée, s'y transporte plutôt qu'au domicile du vendeur, car la vente à domicile, personne ne l'ignore, donne lieu pour l'acheteur à des frais énormes de transport. Dans les pays où cet usage existe, les meuniers et les blatiers ont continuellement en route des quantités de chevaux dont les frais augmentent évidemment le prix du grain et conséquemment celui de la farine ; or, l'acheteur, ayant à choisir entre la halle et la vente à domicile, adopte toujours le mode le moins onéreux, c'est-à-dire la vente à la halle.

La vente à domicile ne pourrait se maintenir que si le vendeur à domicile, en raison bien entendu des frais de transport à réaliser, livrait son grain au-dessous du cours, ce qui n'arrive jamais, à en juger par les localités où les récoltes se centralisent en majeure partie aux halles. Le vendeur, propriétaire ou fermier, a toujours à l'écurie des bœufs ou des chevaux souvent inoccupés, à l'aide desquels il envoie au marché, à peu de frais, ses grains, qui sont emmagasinés gratuitement ou moyennant un droit minime, ou qui sont vendus au cours du jour. Ce cours, qui est presque toujours supérieur, toutes choses égales en qualité, à celui de la vente à domicile, par suite des transports réalisés, indemnise grandement l'agriculteur des frais insignifiants de l'apport opéré par lui.

Cet apport de grains par le propriétaire intéresse non moins l'alimentation publique ; car, à Bourges, par exemple, où le grain étranger et celui du pays sont réunis au marché, où le meunier, qui aurait dix chevaux à Nevers, n'en a qu'un, le cours du grain est le même à peu près que celui de Nevers ; le cours des farines de même qualité est très-sensiblement inférieur à celui de Nevers ; le pain enfin y est toujours meilleur marché qu'à Nevers.

Croit-on ensuite que vendeurs et acheteurs ne soient pas fatigués de cet échange réciproque de mauvaise foi inhérent à la vente à domicile : l'un auquel est imposé une mesure de mauvais aloi, l'autre pour lequel le grain en grenier ne répond pas à celui de l'échantillon, tous deux exposés à vendre au-dessous ou à acheter au-dessus du cours du jour ?

Du reste, la vente au poids, qui s'introduira dans les transactions et qui sauvegardera si bien tous les intérêts, portera le dernier coup à la vente à domicile, car le mesurage, avec toutes ses difficultés, rend nécessaire la présence des intérêts opposés et favorise ainsi la vente à domicile, tandis que le pesage, qui exclut toute chicane, amènera naturellement à vendre et à acheter livrables en halle les grains et les farines qui y seront pesés, nous le verrons plus loin, gratuitement et sans contestation.

Le boulanger lui-même, qui manque souvent d'espace dans son logement, augmente ses achats, dans certaines occasions favorables, lorsqu'il trouve à la halle la facilité de leur emmagasinement moyennant une faible rétribution.

Ces familles enfin, qui ne donnent pas à d'autres le soin de fabriquer leur pain, trouvent à la halle les provisions nécessaires. Si beaucoup d'entre elles ont renoncé à cette habitude, disons-le, ce n'est pas uniquement parce que l'élévation des salaires a rendu le temps plus précieux, c'est, en grande partie, parce que la meunerie, sans contrôle, maîtresse absolue de sa fabrication, restitue trop souvent une farine qui n'est pas celle du blé donné.

A ce sujet, et dans l'intérêt de ces ménages laborieux, dans celui de la boulangerie même, ne conviendrait-il pas d'affecter dans les halles un endroit spécial pour le dépôt et la vente des farines, dont on parviendrait alors, par le toucher et la vue, à connaître la qualité comme celle du blé ?

On obtiendrait ce résultat, par exemple, en exemptant provisoirement les farines du droit de place.

En résumé, l'agencement des halles ne saurait trop éveiller désormais l'attention de l'administration, intéressée, autant que le commerce, à leur extension sur des bases régulières facilitant les transactions.

Ne serait-il pas à propos, pour rendre plus efficace cette recommandation, que l'autorité supérieure mìt à l'étude un programme général, susceptible de modifications suivant les lieux, et qu'elle patronerait pour toutes les halles de la France ; puis de classer ces établissements, suivant les chiffres de la population ou toute autre assiette, afin de poser des règles aux tarifs des droits de place, qui sont aujourd'hui d'une disproportion choquante?

TROISIÈME PARTIE

DES MERCURIALES

Aperçu historique. — Leur définition. — Leur utilité sous le régime du libre-échange ou de la liberté des taxes. — Causes de leur inexactitude. — Exposé d'un mode où ces causes cessent. — Instructions y relatives. — Préposés. — Modèle du registre des préposés. — Considérations finales sur la création des préposés. — Quelques notions sur les droits de place et sur les poids publics.

I

On vient de voir les inconvénients de la vente à la mesure, les avantages de la vente au poids, l'utilité des halles aux grains pour le commerce, les communes et l'État.

Ces deux questions précèdent naturellement celle des mercuriales, qui ont pour objet simultané d'introduire dans les usages le mode de vente le plus équitable, et de fournir des renseignements sur des quantités et des prix dont la source véritable est aux halles.

Maintenant, il s'agit de contrôler et d'uniformiser ces renseignements.

Auparavant, jetons un coup d'œil rapide sur l'histoire de la statistique générale qui embrasse celle des mercuriales.

Antérieurement au xviii° siècle, on ne trouve pas de documents à cet égard. Quelques écrivains parlent de grandes misères sans en chercher les causes, voilà tout. On trouve quelques matériaux au commencement du siècle dernier. Les mémoires des intendants des provinces, rédigés, en 1698, par ordre du gouvernement de Louis XIV, sont les premiers éléments connus en statistique, mais où l'agriculture n'apparaît qu'accidentellement. Viennent ensuite, en petit nombre, des travaux particuliers qui ne sont point sans mérite, notamment les détails sur la France du sieur de Boisguillebert, mort en 1714, le voyage d'exploration de l'Anglais Arthur Young, les recherches du maréchal Vauban et les publications de Mirabeau.

Telle est la situation, lorsque la Révolution française, éclatant, organise, centralise les renseignements, donne à l'agriculture une place digne d'elle, crée les mercuriales, lance la statistique dans la voie où elle n'a cessé depuis d'aller en progressant.

Si nous sommes en possession de tous les documents désirables pour expliquer l'alimentation de notre pays, depuis deux tiers de siècle, il ne faut pas en conclure qu'il ne nous reste qu'à suivre les indications tracées. A nous de fournir notre contingent d'améliorations, en dirigeant nos efforts vers la partie essentielle de l'œuvre, vers les moyens.

La division actuelle de la statistique, en France, par commissions et sous-commissions, est bien conçue, mais ses résultats sont-ils exacts ? Il est permis d'en douter par le peu de crédit qu'ils trouvent dans l'opinion publique.

Cette cause est dans les déclarations erronées ou incomplètes dictées par la crainte d'une augmentation d'impôt ou par la mauvaise foi ; elle est dans la négligence, l'insuffisance de temps, l'incapacité des hommes chargés de recueillir directement des renseignements d'une utilité encore incomprise.

Chercher à remédier complétement à cet état de choses n'est pas notre tâche. Notre simple pensée est de détacher les mercuriales de la statistique, pour leur donner une exactitude constante par une méthode uniforme.

Les mercuriales sont des états sommaires, publiés officiellement par l'autorité municipale, pour constater les quantités et les prix des grains, farines, fourrages, comestibles et combustibles vendus sur les marchés publics.

Elles s'appellent ainsi, parce que les marchés se tenaient ordinairement le mercredi (1). Elles étaient représentées autrefois, avant 1789, par le registre de *gros fruits*, déposé au greffe de la juridiction du lieu du marché, suivant une ordonnance de François Ier.

_____

(1) Le mercredi était, chez les païens, le jour consacré à Mercure, dieu du commerce.

du mois d'avril 1539, révisée par celle de Louis XIV, d'avril 1667.

Elles doivent être transcrites sur un registre spécial tenu dans chaque mairie.

Elles serviront désormais aux boulangers pour fixer le prix du pain ; au public pour se rendre compte de ce prix ; aux services administratifs pour régler les comptes des fournitures ; à l'État qui veille à l'approvisionnement général, aux savants qui éclairent le pays ; au commerce de grains, dont les résultats, heureux pour lui et pour tous, dépendent de renseignements exacts. Enfin elles détermineront, comme par le passé, l'application de la loi où il est dit :

1° Code de procédure civile, article 129 : que les jugements qui condamneront à une restitution de fruits ordonneront qu'elle sera faite en nature pour la dernière année et pour les années précédentes, suivant les mercuriales du marché le plus voisin, eu égard au prix commun de l'année ;

2° Par décret du 26 avril 1808 : que l'évaluation des rentes ou fermages, stipulés payables en nature, sera faite d'après le taux commun des mercuriales des trois dernières années.

Ainsi, les intérêts les plus grands sont attachés à l'exactitude et à la collection des renseignements sur l'état et le prix des subsistances.

Quoi qu'il en soit, la vérification des mercuriales fait reconnaître sans cesse des erreurs, des disproportions, des anomalies, des variations suspectes, qui prouvent qu'on n'apporte pas toujours à la composition de ces feuilles les soins désirables, ainsi qu'une attention suffisante.

Ces inexactitudes sont frappantes surtout depuis trois ans environ. La circulaire ministérielle du 5 mai 1859, qui ordonne que toutes les indications afférentes à la quantité et au prix des denrées soient fournies concurremment à l'hectolitre et au quintal, en ménageant une transition à la substitution du poids à la mesure, a compliqué notablement la rédaction des mercuriales.

L'administration supérieure, il est vrai, a recommandé d'aviser aux moyens propres à assurer une bonne exécution à sa décision. Quelques départements, à cet effet, ont imaginé une organisation plus ou moins heureuse ; beaucoup d'autres n'ont pas cherché ou n'ont pas donné suite à leurs recherches.

Ce manque d'unité dans les dispositions des préfets et des maires paralyse les vues de l'administration centrale, et fait perdre aux mercuriales, générales ou spéciales, le peu de confiance qu'elles inspiraient. Il semble donc indispensable, pour arrêter le mal, d'organiser, de créer un rouage administratif, simple, facile, économique, modifiable, suivant certaines circonstances particulières.

Ce rouage existe ; il fonctionne, depuis plus de trois années, dans le département de la Nièvre, où il donne les résultats les plus satisfaisants dans quatorze halles d'importance diverse. Non-seulement les renseignements fournis y sont vrais rigoureusement, mais le petit et le grand commerce, qui n'avaient pas dans ces contrées des tendances bien prononcées pour la vente au poids, se disputent à présent l'instrument de pesage les jours de marché.

Nous allons expliquer cette organisation.

————

II

Dans un très-grand nombre de localités, le maire signe les mercuriales qu'il n'a pas rédigées et dont l'authenticité des chiffres lui est inconnue. Son secrétaire ordinairement est chargé de ce travail ; mais cet employé a trop d'occupations, les jours de marché surtout, pour recueillir lui-même les renseignements prescrits. Qui fournit les quantités et les prix destinés à régler tant d'intérêts divers énumérés précédemment ? Des documents vagues, basés sur des situations commerciales tour à tour en contradiction. C'est un gendarme, c'est un meunier, c'est un agriculteur, c'est un boulanger, c'est le premier venu, ou c'est la mercuriale précédente, modifiée, arrangée, retournée.

Il est regrettable, sans doute, de révéler de telles habitudes, mais il faut, avant tout, montrer le mal tel qu'il est.

Du reste, comment constater des quantités et des prix au quintal métrique sans appareil de pesage, car les halles ne possèdent pas d'assortiment de ce genre, ou ne possèdent que des instruments in complets ?

Le public est loin de s'opposer au pesage du grain ; il le désire même, mais il attend que l'administration, qui prend l'initiative, qui veut des renseignements au poids, commence à pourvoir les halles du matériel de pesage nécessaire. C'est le cas, dit-on avec sens, de joindre l'exemple au précepte ou de s'en rapporter aux déclarations des propriétaires, mode infiniment irrégulier, car il donne lieu à d'interminables discussions, le poids exact du grain étant rarement connu du détenteur, qui l'élève toujours et l'exagère souvent.

Ce n'est pas là non plus un mode de propagation.

Faire cesser cet état de choses déplorable est le moyen proposé.

Pour cela, il s'agit de choisir dans chaque commune, pourvue d'une halle, un homme probe, actif et intelligent, ayant les connaissances nécessaires pour relever les renseignements en question.

Cet homme, aux jours de vente, est le préposé de l'administration municipale et est rétribué annuellement, selon l'importance du marché (100 à 600 francs).

Il est le chef de la halle, assermenté comme peseur juré ; la police municipale lui prête assistance.

Les communes où les marchés sont importants lui adjoignent, soit un garde champêtre, soit toute autre personne, payée à la journée, pour effectuer le travail incessant et pénible du mesurage et du pesage, qui précède, pour les mercuriales, l'heure de la vente, et qui continue ensuite pour le public vendant ou achetant au poids.

Ce préposé se conforme aux instructions administratives dont il sera parlé ci-après ; il est chargé de rédiger les mercuriales ou d'en fournir les éléments au maire ; il agit sous la surveillance de l'administration locale et celle d'un inspecteur des halles, pris dans le personnel de la vérification des poids et mesures.

Cette inspection est honorifique, mais le titulaire reçoit du département ou des communes une indemnité annuelle pour frais de déplacements.

En cas de décès ou de démission des préposés, l'inspecteur installe le titulaire nouveau.

Cet inspecteur peut être chargé spécialement de dresser le tableau général des mercuriales, adressé tous les quinze jours à l'administration centrale.

Dans tous les cas, l'administration préfectorale lui communique, pour en vérifier les chiffres, les mercuriales de chaque quinzaine, lorsqu'elles sont réunies.

Par suite de cette communication, ce chef des préposés vérifie, rapproche, compare, surveille l'application des instructions. Si des irrégularités ou des infractions aux règles établies sont remarquées, il en écrit à ses agents, sous le couvert administratif, ou directement aux maires, ou en réfère au préfet.

En même temps, on pourvoit les halles de deux instruments de pesage : une balance d'une forme spéciale pour peser les grains par double décalitre, et une balance-bascule d'une portée de 500 kilogrammes au minimum pour peser les quantités plus grandes.

Ces deux appareils, rendus et posés dans chaque halle de la Nièvre, n'ont pas coûté 200 francs. MM. Catenot, Falcot et Orcel, balanciers à Lyon, se recommandent par l'exactitude des instruments et la modicité des prix.

Un endroit central, autant que possible, est désigné pour l'installation du préposé et du matériel. Une barrière solide enferme le tout, excepté une face de trois mètres pour laisser l'accès facile au va-et-vient qui se forme entre le public et le pesage.

La balance spéciale repose sur une planche solidement fixée à la hauteur de la main ; sa potence maintient la chappe du fléau dans une position constante pour éviter le tournoiement des plateaux larges et unis, soutenus par deux tringles en forme de lyre.

Cette balance, spéciale par son dessin, doit être à simple fléau, et non une balance système Béranger, car les gens qui ne sont pas familiarisés avec le pesage, et qu'il faut convaincre, préfèrent la vue des poids et du fléau à celle d'une boîte, disent-ils, où ils ne voient et ne comprennent rien de l'intérieur.

La balance-bascule repose sur un escabeau en chêne, de la forme du grand tablier de l'instrument, et a cinquante centimètres d'élévation pour donner un niveau constant et empêcher aux bouts des sacs de toucher à terre.

Le registre du préposé est placé sur une planche-pupitre entre ces balances.

Le préfet fait imprimer des instructions dont un exemplaire est remis au maire, à l'inspecteur et au préposé.

Ces instructions concilient les usages du pays avec les prescriptions de l'autorité. Voici celles de la Nièvre.

INSTRUCTIONS

RELATIVES AUX MERCURIALES ÉTABLIES, A PARTIR DU 1er JANVIER 1860, A L'HECTOLITRE ET AU QUINTAL MÉTRIQUE.

———

Les opérations du mesurage et du pesage pour le service des mercuriales seront faites à partir du moment de l'arrivage des grains jusqu'à l'heure où un coup de cloche annoncera le commencement de la vente.

Le fermier de la halle, s'il y en a un, désignera aux propriétaires les places qui seront assignées au dépôt de leurs marchandises, en ayant soin de ménager des passages à la circulation.

La police municipale prêtera, s'il y a lieu, son concours pour faciliter le travail du préposé et les dispositions du fermier.

Le préposé sera présent à la halle dès son ouverture et pendant le cours de la vente, pour satisfaire à la demande des personnes qui voudraient faire peser leurs grains.

En outre des instruments de pesage, la halle sera pourvue d'un nombre, proportionné à ses besoins, de mesures, radoires, garceaux ou cuviers. Ces objets seront fournis gratuitement au public.

Le droit de place équitablement arrêté sera seul exigible. Un double décalitre type servira au préposé pour le mesurage et le pesage. La tare de cette mesure sera en plomb ou en fer, et portera l'inscription : Tare du double décalitre.

Le mesurage sera effectué dans les halles à l'aide de mesures en bois exclusivement, l'expérience ayant démontré que l'emploi de mesures en bois ici et de mesures en métal ailleurs prête à l'erreur ou à la fraude par suite du tassement inégal du grain dans ces deux récipients.

Pour remplir le double décalitre, le mesureur en saisira le haut de la main droite, le jable de la main gauche, en dirigera l'ouverture vers le bas, le plongera obliquement dans le grain, le relèvera plein à moitié environ sur ce grain même, dont il achèvera l'introduction dans la mesure au moyen des mains réunies. Il passera ensuite légèrement la radoire, c'est-à-dire un petit rouleau cylindrique en bois sur les bords du double décalitre pour y araser exactement le grain. Il veillera à faire remplacer ou à faire remettre au tour les radoires usées vers les extrémités et faisant renflement.

La radoire sera ronde et non carrée ; cette dernière n'arase pas convenablement, comme la première, les graines longues, telles que l'orge et l'avoine.

Le préposé délivrera, s'il est nécessaire, des bulletins attestant que le grain de telle place pèse tel poids.

Dans tous les cas, il tiendra le registre dont il va être question à la disposition du public, et en donnera connaissance verbalement aux personnes qui ne savent pas lire.

L'administration municipale, par un règlement particulier, affiché en plusieurs endroits de la halle, fixera le temps de l'arrivée des céréales, l'heure où la vente en commencera, préviendra les propriétaires de l'obligation qui leur est imposée de déclarer, par nature et par double décalitre, les quantités de grains qu'ils entrent en halle et celles qu'ils y laissent ou en remportent après le marché; il les préviendra également que le préposé aura toujours le droit de mesurer et de peser ces grains.

Ce règlement sera précédé d'un exposé signalant la supériorité de la vente au poids sur la vente à la mesure. Le préposé, choisi et nommé par le maire, sauf l'approbation du préfet, prêtera serment devant le juge de paix, se conformera aux instructions présentes, et agira sous la surveillance de l'autorité locale et sous la direction de l'employé des poids et mesures désigné pour ce service.

EXPLICATION DU REGISTRE DU PRÉPOSÉ.

Le préposé a un registre courant, d'un prix minime (un registre broché, de 6 francs, dure trois ans dans les halles de premier ordre), et dont je joins le modèle d'un feuillet.

Chaque feuillet de ce registre courant, verso et recto réunis, est divisé en cinq parties.

Première partie.

Elle indique le nom ou le numéro de place de chaque propriétaire.

Deuxième partie.

Elle indique les quantités de grains entrés, par nature, à la mesure et au poids.

MODÈLE d'une feuille du Registre du Préposé.

MARCHÉ DU 17 JANVIER 1863.

QUANTITÉS ENTRÉES DE

NOMS ou NUMÉROS.	FROMENT en D.D.	poids unité. (k.)	poids total. (k.)	SEIGLE en D.D.	poids unité. (k.)	poids total. (k.)	ORGE en D.D.	poids unité. (k.)	poids total. (k.)	AVOINE en D.D.	poids unité. (k.)	poids total. (k.)
Dubeissy...	100	13.502	1.550 »	40	14.157	566 »	80	13 »	1.012 »	100	9.900	030 »
Barthélemy.	100	15 »	1.000 »	70	15 »	1.050 »	40	13.900	528 »	25	9.200	237.500
Hector.....	140	13.100	2.114 »	80	13.100	1.208 »	100	13.400	1.310 »	130	9.100	1140 »
Achille.....	45	15 »	675 »	90	14.200	1.305 »	15	12.900	103.500	200	9 »	1803 »
Charenton..	25	14.900	357.6 »	150	14.900	4.130 »	27	12.800	353.600	40	8.650	338 »
4	10	14.105	144 »	110	15 »	1.650 »	200	13 »	2.000 »	70	8.800	616 »
37	220	14.500	3.100 »	10	14.400	144 »	75	13.300	997.500	80	9.700	773 »
29	70	15.700	1.009 »	17	15.050	255.850	80	13.450	1.076 »	45	8.500	382.530
18	80	16.100	1.288 »	28	14.350	401.800	10	13.500	250.500	75	8.700	652.500
5	10	15 »	150 »	31	14.150	491.300	25	13.900	330 »	20	9.100	182 »
	700	12164.6 (k.)	629		4931.850 (k.)	661		8107.109 (k.)	985		7494.800 (k.)	
	h. 150.8	qx. 121 64	h. 125.8		qx. 27 01	h. 132.2		qx. 87 07	h. 161		qx. 75 04	h.

121.64 | 150.8 / 0 qal. 76 k., poids moyen de l'hectolitre de froment.

QUANTITÉS NON VENDUES DE

NOMS ou NUMÉROS.	FROMENT en D.D.	poids total. (k.)	SEIGLE en D.D.	poids total. (k.)	ORGE en D.D.	poids total. (k.)	AVOINE en D.D.	poids total. (k.)
Dubeissy...	30	775 »	30	100 »	40	332 »	»	»
Barthélemy.	»	»	10	150 »	10	132 »	»	»
Hector.....	40	634 »	13	226.550	»	»	»	»
Achille.....	»	»	»	»	»	»	»	»
Charenton..	»	»	»	»	»	»	»	»
4	»	»	10	150 »	100	1.303 »	70	616 »
37	20	920 »	»	»	15	155.500	40	388 »
29	50	785 »	17	255.850	40	538 »	5	42.500
18	10	161 »	8	114.800	9	121.500	5	43.300
5	»	»	4	57.800	20	254 »	10	91 »
	170	2.015 » (k.)	84	951.050 (k.)	224	3.015 » (k.)	170	1.577 » (k.)
	h. 31 »	qx. 26 15	h. 12.8	qx. 9 51	h. 41.8	qx. 30 45	h. 31 »	qx. 15 77

PRIX DIVERS.

NOMS ou NUMÉROS.	FROMENT (fr. c.)	PRIX TOTAL (fr. c.)	SEIGLE (fr. c.)	PRIX TOTAL (fr. c.)	ORGE (fr. c.)	PRIX TOTAL (fr. c.)	AVOINE (fr. c.)	PRIX TOTAL (fr. c.)	OBSERVATIONS. (fr. c. / fr. c.)
Dubeissy...	4 25	212 50	»	»	2 50	143 »	1 80	108 »	
Barthélemy.	4 50	450 »	4 »	340 »	2 95	88 30	1 50	37 50	
Hector.....	»	»	4 10	206 50	»	»	»	»	
Achille.....	4 »	183 »	3 30	315 »	»	»	»	»	
Charenton..	»	»	»	»	2 50	67 50	»	»	
4	3 75	27 55	»	»	»	»	1 33	»	
37	3 80	760 »	3 10	34 »	»	»	1 75	70 »	
29	»	»	»	»	3 »	190 »	»	»	
18	4 40	356 »	»	»	3 85	32 50	1 30	91 »	
5	»	»	3 15	103 55	»	»	1 70	17 »	
	1.928 » (fr.)		029 » (fr.)		435 » (fr.)		385 » (fr.)		
	99 25 (fr.)		18 80 (fr.)		14 60 (fr.)		7 85 (fr.)		

4,908 | 415 / 5.103 / 5

23.95, prix moyen de l'hectolitre de froment.

$x : 100\ k. :: 26\ fr.\ 95 : 76\ k.$ d'où $x = \dfrac{100 \times 26.95}{76} = 26\ fr.\ 04$, prix moyen du quintal de froment.

$x : 100\ k. :: 18\ fr.\ 80 : 73\ k.$ d'où $x = \dfrac{100 \times 18.80}{73} = 25\ fr.\ 74$, d° de seigle.

$x : 100\ k. :: 14\ fr.\ 60 : 66\ k.$ d'où $x = \dfrac{100 \times 14.60}{66} = 22\ fr.\ 15$, d° d'orge.

$x : 100\ k. :: 7\ fr.\ 60 : 45\ k.$ d'où $x = \dfrac{100 \times 7.60}{45} = 17\ fr.\ 41$, d° d'avoine.

3

Elle est divisée à cet effet en un nombre de colonnes principales égal à celui des sortes de grains arrivant en halle ordinairement.

Chacune de ces colonnes est divisée en trois colonnettes servant à inscrire : 1° le nombre de doubles décalitres entrés, déclaré par le propriétaire, contrôlé au besoin par le mesurage d'un ou de plusieurs sacs pris au hasard ; 2° le poids unité trouvé en mesurant et en pesant effectivement un double décalitre de tous les grains entrés, versés en totalité ou en partie dans des garceaux, tonnes ou cuviers ; 3° le poids total du nombre de doubles décalitres entrés.

Troisième partie.

Elle indique les quantités de grains non vendus, restant en halle ou en sortant, par nature, à la mesure et au poids. Elle est divisée comme précédemment en colonnes principales pour les natures diverses de grains, et en colonnettes pour recevoir : 1° ou les chiffres des quantités de doubles décalitres non vendus, déclarés par le propriétaire, reconnus véritables par le préposé, ou de simples guillemets si tout est vendu ; 2° les poids totaux.

Quatrième partie.

Elle indique les prix recueillis pendant la vente. Elle est divisée en colonnettes destinées à recevoir par nature de grains : 1° le plus grand nombre de prix divers correspondant à des poids divers ; 2° le prix total des quantités vendues.

Cinquième partie.

Elle indique toutes les observations relatives aux qualités apparentes et à l'état de propreté du grain. Elle mentionne si les marchés ne sont garnis que de qualités supérieures ou de qualités tout à fait basses, ou de blés nouveaux seulement, causes insignifiantes de hausse ou de baisse.

Résultats des cinq parties.

Après le marché, le préposé, ligne par ligne, colonne par colonne, multiplie les nombres de doubles décalitres par le poids de leur unité, et porte les produits respectifs à la troisième colonnette.

Il additionne ensuite les premières et les troisièmes colonnettes, obtient des totaux qu'il divise par cinq pour les convertir en hecto-litres, et par cent pour les convertir en quintaux. Puis une simple soustraction donne les quantités vendues à l'hectolitre et au quintal.

Le préposé passe à la quatrième partie, où il fait, à chaque colon-nette, le relevé de trois, six ou neuf prix du plus faible au plus fort. Il multiplie chacun de ces prix par les quantités vendues qui leur cor-respondent, en additionne les produits, divise la somme trouvée par le total des ventes, et le quotient est le prix moyen du double déca-litre, lequel, multiplié par cinq, donne le prix moyen cherché de l'hectolitre.

Pour fixer le prix moyen du quintal, on a recours au prix moyen et au poids moyen de l'hectolitre ; on dit par exemple :

$$1 \text{ hectolitre vendu } 15 \text{ francs pèse } 75 \text{ kilos.}$$
$$1 \text{ hectolitre vendu } 14 \text{ francs pèse } 73 \text{ kilos.}$$
$$1 \text{ hectolitre vendu } 13 \text{ francs pèse } 71 \text{ kilos.}$$

$$\begin{array}{c|c} \overline{3} & 3 \\ & \overline{1} \end{array} \qquad \begin{array}{c|c} 42 & 3 \\ 12 & \overline{14} \\ 0 & \end{array} \qquad \begin{array}{c|c} 219 & 3 \\ 09 & \overline{73} \\ 0 & \end{array}$$

Donc en moyenne :

1 hectolitre vendu 14 francs pèse 73 kilos.

D'où le préposé conclut que le quintal ou les cent kilos est vendu 19 francs 10 c., prix trouvé au moyen de cette proportion :

$$x : 100 :: 14 : 73.$$

C'est-à-dire, le prix inconnu du quintal est à ce quintal comme le prix connu de l'hectolitre est au poids de cet hectolitre.

$$x = \frac{100 \times 14}{73} = 19 \text{ fr. } 10 \text{ c.}$$

Ce chiffre de 19 francs 10 c. peut être trouvé également en faisant ce raisonnement :

14 francs représentant le prix moyen de 73 kilos de grains, le prix d'un kilog. est 73 fois moindre ou $\frac{14}{73}$ (14 sur 73 ou 14 divisé par 73) et le prix de cent kilos, c'est-à-dire le prix moyen du quintal est cent fois plus grand ou $\frac{14 \times 100}{73}$ ou 19 fr. 10 c.

Observons que ce prix moyen du quintal n'exige pas, pour être exact, les multiplications des quantités par les prix, puisque les prix moyens qui lui servent de base ont subi déjà l'influence des quantités.

Les nombres d'hectolitres et de quintaux vendus, le prix moyen de l'hectolitre et celui du quintal de chaque espèce de grain une fois trouvés, sont portés sur le registre officiel de la mairie. Enfin, en cherchant, par la méthode ordinaire, la moyenne des résultats obtenus à chaque marché, le préposé trouve les chiffres définitifs de la mercuriale.

Les prix de la farine de froment, vendue partout aux cent kilos, seront trouvés facilement en prenant le taux commun des quantités marchandes.

Quant aux prix du foin et des fourrages, comestibles et combustibles, dont la vente varie de mode à l'infini, le préposé en cherchera les éléments au marché ou ailleurs, et les ramènera, selon la denrée, au quintal métrique ou au kilogramme, opération facile.

———

III

Le service des préposés aux halles, long à expliquer, est simple en pratique; il garantit des renseignements vrais, des transactions sûres, instruit les populations en les familiarisant avec le pesage, et concilie les intérêts opposés qu'il éclaire.

Non-seulement cette institution comporte toutes les conditions d'utilité et de succès, mais elle offre à l'administration d'autres avan-

tages et aux communes le moyen de faire valoir des ressources trop
négligées. Il y a des emplois qui deviennent inutiles et d'autres d'une
création urgente. Cette remarque est fréquente à notre époque.
Toutefois, pour comprendre le besoin de ces sortes de mutations, il
faut suivre l'impulsion du progrès. Aussi c'est aux administrateurs
intelligents, aux hommes spéciaux, que nous demandons de reconnaître avec nous qu'il est indispensable de créer le rouage des préposés, de ces hommes choisis agissant sous une direction uniforme,
produisant des renseignements sérieux pour les mercuriales et, ainsi
que nous allons le proposer, pour les taxes officieuses, pour les sta-
tistiques, servant, au besoin, à la police des halles, à la perception du
droit de place, à la gestion du poids public, toutes attributions qui
s'harmonisent parfaitement? Dépenser, il est vrai, effraye les municipalités, et créer, disent-elles, c'est dépenser. Cette fois ce raisonnement
est une erreur, car créer des préposés, nous le prouvons dans toute la
suite de notre travail, c'est économiser, c'est s'enrichir. Revenons à eux.

Les préposés empêchent l'exposition en vente de grains viciés, de
farines avariées ou altérées par l'humidité, l'usage de ces produits
étant dangereux. Dans ce cas, il y a lieu à faire constater l'état du
grain ou de la farine par des agriculteurs ou des personnes compé-
tentes, à dresser un procès-verbal, à ficeler et à sceller les sacs ava-
riés, à les déposer sous bonne garde, et à rendre compte du tout sans
délai à l'autorité supérieure.

Ces agents proposent aux maires toutes les mesures relatives à la
police du marché, et appellent leur attention, s'il est nécessaire, sur
les mesures d'ordre : 1° que, dans l'intérieur des halles, les grains
et les farines soient transportés par des portefaix spéciaux, sans enlever toutefois aux marchands et à leurs serviteurs le droit de porter
eux-mêmes leurs marchandises ; 2° qu'afin de laisser garnir le marché
ou approvisionner les habitants, avant ceux qui achètent pour com-
mercer, des heures de vente soient fixées ; 3° qu'en vue de prévenir
l'embarras de la voie publique et le danger du feu, la vente du foin et
de la paille soit interdite partout ailleurs que sur les places et ports
désignés pour cela ; 4° qu'en vertu enfin de la loi du 27 mars 1852,
les pailles et foins soient bottelés d'une manière déterminée, suivant
un poids convenu.

En prenant ces décisions, les maires comprendront qu'elles ont uniquement pour but l'utilité et la commodité publiques, sans qu'il soit nécessaire d'aller jamais jusqu'aux prescriptions arbitraires qui gêneraient, sans résultat avantageux, la liberté du commerce.

Les préposés aux mercuriales sont les hommes qui conviennent le mieux aux administrations municipales pour recueillir auprès des boulangers les éléments de la taxe officieuse, pour établir cette taxe, l'enregistrer, et cela sous la surveillance d'une commission spéciale ou de celle plus efficace de l'inspecteur des halles.

Ces préposés aux mercuriales pourraient être employés à rechercher les chiffres de la statistique générale sous la direction des inspecteurs eux-mêmes, qui seraient alors chargés de la statistique départementale.

Ces agents, en effet, sont placés le mieux possible pour connaître les agriculteurs, pour s'assurer de la vérité de leurs déclarations, pour signaler avec quel degré de soin, quelle réussite on s'occupe de la culture des céréales, l'influence des saisons sur le retard, sur l'accroissement, sur l'espoir, sur les résultats définitifs des récoltes.

Les préposés offrent enfin un moyen d'augmenter les revenus communaux, sans surcroît de charges pour le public, en supprimant le fermier de la halle et en le remplaçant par une régie contrôlée. Les communes de la Nièvre qui ont opéré cette substitution en réalisent un bénéfice notable, qui était le gain du fermier, et arrêtent par là les abus qui résultent de l'affermage, où un particulier, sans caractère authentique, n'ayant d'autre mobile que l'intérêt, exerce, d'une manière absolue, le privilége de la distribution des places, peut repousser des expéditeurs sous prétexte de défaut d'emplacement, monopoliser même, soit par lui soit par un prête-nom, la commission pour la vente des marchandises envoyées à la halle.

Expliquons cette régie contrôlée, mais auparavant disons quelques mots des droits de place.

DU DROIT DE PLACE

Le droit de place est le prix de la location d'une partie du sol communal. Cette location, qui ne doit gêner ni la voie publique ni la liberté du commerce, donne lieu à une perception exclusivement municipale, d'après la loi du 11 frimaire an VII. Il s'ensuit que l'immeuble connu sous le nom de *halle* ne peut être qu'une propriété communale et non celle d'un particulier.

Cependant, l'administration autorise quelquefois les communes, dans le cas où elles se trouvent obérées, à traiter avec un entrepreneur qui s'engage à construire l'édifice à ses frais, moyennant le produit des droits pendant un nombre d'années déterminé.

Le droit de place est fixé en raison de l'espace superficiel occupé par la marchandise et non, comme le droit d'octroi, en raison de la valeur des denrées : ce principe est absolu.

On conçoit, toutefois, qu'il est juste d'établir une différence entre les emplacements affectés à des produits de prix ou de volume différents, tels que l'avoine et les grains inférieurs, qui occupent autant de terrain que le froment sans avoir la même valeur.

Nul autre droit n'est exigible dans les halles que le prix de location des places concédées.

Ainsi, on ne peut obliger les marchands à payer un droit pour l'usage des bancs, tables, échelles, cuviers et autres objets mobiliers appartenant à la commune ; ils sont libres de se procurer ces choses comme ils le jugent convenable; s'ils s'adressent à la commune, c'est volontairement, l'administration ne peut les y contraindre.

Il est inutile d'ajouter qu'exiger le droit de place, lorsque la marchandise est vendue ailleurs qu'au marché, est une perception illégale, et que l'autorité ne peut rendre obligatoire, non plus, pour quelque raison que ce soit, l'apport à la halle des grains et des farines destinés à être vendus.

Les tarifs ne doivent rien contenir qui tende à transformer le droit de place en un impôt sur la denrée; ils doivent être calculés en vue de la prospérité des marchés, et de manière à n'apporter aucun trouble à l'approvisionnement que des taxes trop élevées compromettent.

Dans tous les cas, les tarifs, énonçant des prix et des conditions invariables, sont soumis à l'approbation de l'autorité supérieure.

La durée de la jouissance, qui donne lieu à la perception du droit, est ordinairement de vingt-quatre heures pour les marchés qui ne durent qu'un jour; elle est quelquefois d'un mois, d'une année, par abonnement.

Le taux de ce droit est fixé au mètre carré, sans limitation de hauteur.

Toute contestation sur la fixation de cette taxe et sur l'interprétation du tarif est jugée par l'autorité administrative.

Tout refus de payement du droit de place est de la compétence du juge de paix, sans appel, jusqu'à une valeur de cent francs, et, à charge d'appel, à quelque valeur que s'élève la somme.

Au surplus, la loi du 18 juillet 1837 a établi sur ce point un principe nouveau qui simplifie beaucoup les formes.

Cela posé, ajoutons, et c'est là ce que nous voulons signaler, que les tarifs rédigés d'après les règles qui viennent d'être posées sont exécutés d'autant de manières qu'il y a de halles. Tout négociant, en passant d'un marché à un autre, doit faire une étude spéciale du tarif, qui n'est pas toujours clair et prête souvent à une perception illicite.

La cause de cette variété de recouvrements provient de la difficulté de mesurer, au milieu de l'encombrement des halles, la surface occupée par les déposants.

Pour obvier à cet inconvénient, une interprétation rationnelle de la loi, approuvée par l'administration, peut être admise partout. Un arrêté municipal détermine la hauteur maximum de la superposition des sacs, en vue de la sûreté publique et de prévenir les dangers, pour la circulation, d'un empilement exagéré. La quantité de doubles décalitres de grains contenus dans le nombre limité des sacs superposés étant calculée, un double décalitre, par suite, représente une partie du mètre carré et est pris pour unité dans le recouvrement du tarif.. Ce double décalitre est censé occuper un vingtième, un quarantième, un cinquantième, si l'on veut, du mètre superficiel, qui reste toujours la base du droit.

Or, on le sait, le préposé connaît déjà individuellement le nombre de doubles décalitres de grains entrés en halle ; la perception du droit de place en devient donc facile sans l'intermédiaire d'un fermier. Cette perception sera encore plus simplifiée si la qualité qui correspond au double décalitre est un chiffre entier. Ainsi un centime, deux centimes, trois centimes étant le taux fixé, cent dix mesures, par exemple, payeront cent dix centimes ou deux fois, trois fois cent dix centimes.

Ce compte simple est porté, nom par nom, ou numéro par numéro, sur un imprimé remis, pour en percevoir les sommes, soit à l'homme de peine, adjoint au préposé, s'il y en a, soit au concierge de la halle, soit au fermier d'autres droits communaux, auquel une clause de bail impose ce recouvrement.

Ce percepteur, quel qu'il soit, est dispensé, comme le fermier de délivrer quittance ; il doit être distinct du préposé, pour éviter toute accusation de détournement.

Tel est le procédé économique pour une commune de recueillir elle-même les produits de sa halle.

Pour terminer ce chapitre, nous dirons que, pour tous les intérêts, le droit de place doit se résumer en une ligne : tant par mètre carré, représentant tant de doubles décalitres ou d'hectolitres, entrés pour un temps déterminé, et comprenant la jouissance des objets fournis et des services rendus ordinairement dans les halles.

Beaucoup de communes peut-être n'adopteront que difficilement cette simplification ; elles croiront y perdre du revenu en supprimant le taux de l'emmagasinement, c'est-à-dire celui du séjour de la marchandise à la halle.

A notre avis, cette modification favorise les arrivages, qui rendent d'un côté au delà de ce que l'on perd de l'autre. On peut dire, avec quelque certitude, que plus le droit de place est modéré, plus il produit, par suite de l'augmentation des dépôts.

Si la rétribution de l'emmagasinement est maintenue, elle sera minime, dans l'intérêt de l'approvisionnement et de l'avenir du marché ; elle sera recouvrée en même temps que la feuille des places d'un marché à l'autre ou de deux en deux marchés.

DES POIDS PUBLICS

Dans la première partie de ce travail, la création des poids publics est recommandée aux communes qui en sont susceptibles, en vue de prêter un concours efficace à l'adoption définitive du pesage pour la vente des céréales. C'était le lieu de parler de ces établissements, mais ce qu'il est utile d'en exposer ici est moins leur histoire et leur législation, deux points traités grandement dans les ouvrages spéciaux, que l'avantage qu'ils ont de faciliter la vente au poids, et le moyen économique de leur exploitation à l'aide des préposés.

Le poids public est un bureau où, sous l'autorisation et la surveillance de l'autorité, les citoyens sont libres de faire peser les marchandises et denrées, moyennant une rétribution modérée, payable moitié par l'acheteur, moitié par le vendeur.

Ce bureau est établi par le préfet, sur la demande des maires, dans toutes les communes où les besoins l'exigent.

Le peseur prête serment, devant le juge de paix du lieu, de bien et fidèlement remplir ses devoirs ; il délivre aux citoyens qui le demandent un bulletin qui constate le résultat de ses opérations.

Les poids et mesures dûment étalonnés sont en nombre suffisant.

Les mesures sont remplies au ras du bord ; il n'y a pas de comble.

Les instruments de pesage doivent être sensibles, c'est-à-dire qu'un petit poids, ajouté d'un côté ou de l'autre du fléau ou sur le grand plateau d'une balance-bascule, doit en rompre l'équilibre.

Le tarif des rétributions dues au peseur public est proposé par les conseils municipaux et soumis à l'approbation du gouvernement.

Cette rétribution, considérée comme le prix d'un service rendu au commerce local par la commune, est calculée de manière à indemniser cette dernière de ses frais.

Ce droit ne peut excéder 15 centimes, ni être inférieur à 5 centimes par myriagramme pesant.

Nul n'est contraint à se servir du poids public qu'en cas de contestation.

Le peseur intervient dans tous les différends dont les autorités judiciaires ne peuvent connaître qu'autant que les parties représentent le certificat ou bulletin du préposé, lequel fait foi en justice jusqu'à l'inscription de faux.

Tels sont les articles principaux de la loi du 7 brumaire an IX, et qui montrent sommairement que l'usage du poids public ne peut s'introduire dans le commerce que par l'évidence de l'utilité, qu'il appartient aux administrateurs de comprendre.

Non-seulement le poids public apporte la sécurité dans les transactions où l'apparence et le hasard font trop souvent naître des difficultés; mais aussi il fournit à l'agriculture la possibilité de se rendre compte de ses produits; il sert à la propagation du système décimal, dont on ne connaît pas assez les instruments de pesage, et il joint à la création d'un établissement indispensable l'avantage d'accroître les revenus communaux d'un impôt volontaire qui ne gêne personne.

Toute la difficulté de le créer, dans une commune où il est jugé nécessaire, se trouve dans la dépense à faire pour son installation et dans les frais de régie à simplifier.

Il est rare qu'une localité d'une certaine importance, comme celle qui possède un marché, ne soit pas en état de voter quinze cents à deux mille francs pour en retirer dix, vingt, cinquante, cent pour cent (1); cependant, s'il en est ainsi, elle peut ou céder son droit

____

(1) **Voir** le tableau des recettes et des dépenses des poids publics en France, annexé à la Notice statistique de M. Béranger, de Lyon, 1855.

à un particulier, ou diviser en actions, chacune de vingt-cinq francs, par exemple, la somme à réaliser.

Dans ces deux cas, où l'administration accorde volontiers son autorisation, les communes trouvent un avantage.

Dans le premier, en se substituant un entrepreneur, elles créent, sans dépense, un établissement utile dont le produit reviendra plus tard à la localité, et elles peuvent même obtenir préalablement une indemnité du concessionnaire.

Dans le second, elles obtiennent un résultat équivalent, non avec l'argent d'un seul, mais avec celui de plusieurs, ce qui est préférable peut-être, car ces actionnaires, pris autant que possible parmi des agriculteurs, deviennent naturellement les clients, les propagateurs du pesage public.

D'un autre côté, les frais d'exploitation, qui ruinent ordinairement les poids publics, peuvent être réduits notablement en plaçant leur gestion dans le service du préposé aux mercuriales.

Sauf des exceptions, en effet, l'emplacement naturel du bureau de pesage est à la halle aux grains ou à sa proximité. Conséquemment il est rationnel de réunir les fonctions de l'agent aux renseignements, dont nous avons fait voir l'urgence de l'institution, à celles d'officier du poids public.

Le supplément de salaire accordé alors au préposé, pour sa présence dorénavant permanente à la halle, sera toujours moins onéreux que la rétribution d'un employé spécial.

FIN.

Clichy. — Impr. de Maurice LOIGNON et Cie, rue du Bac-d'Asnières, 12.

9 782329 021997